Impressum
Verlag: BABADADA GmbH, Nedderfeld 112 , 22529 Hamburg
Geschäftsführer / Verlagsleitung: Harald Hof
Druck: Books on Demand GmbH, In de Tarpen 42, 22848 Norderstedt

Imprint
Publisher: BABADADA GmbH, Nedderfeld 112 , 22529 Hamburg, Germany
Managing Director / Publishing direction: Harald Hof
Print: Books on Demand GmbH, In de Tarpen 42, 22848 Norderstedt, Germany

școală

School

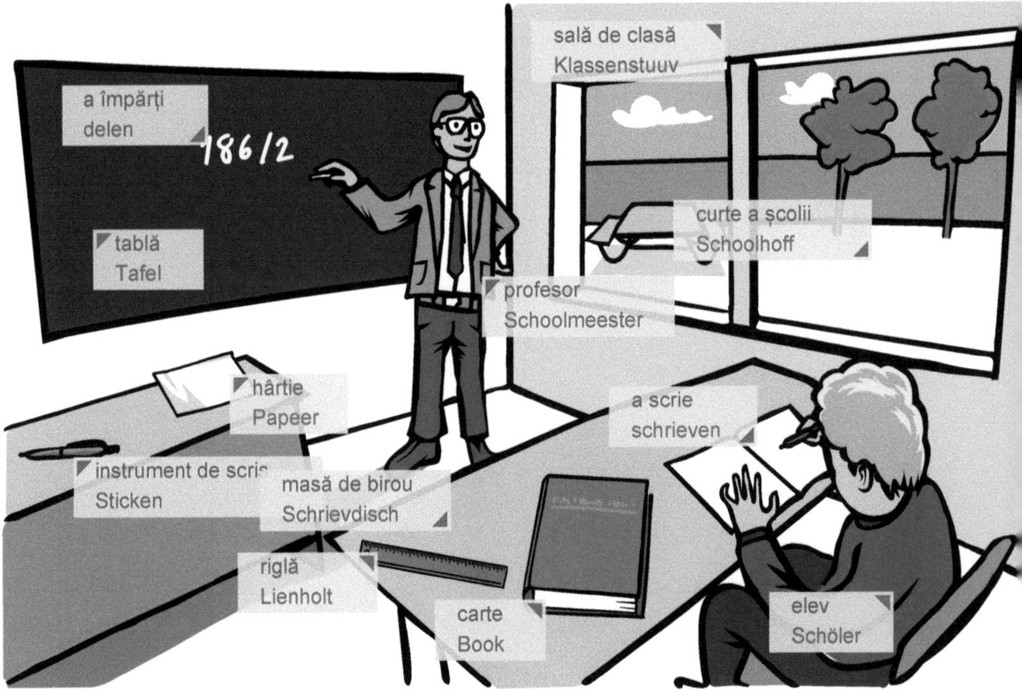
sală de clasă
Klassenstuuv
a împărți
delen
186/2
tablă
Tafel
curte a școlii
Schoolhoff
profesor
Schoolmeester
hârtie
Papeer
a scrie
schrieven
instrument de scris
Sticken
masă de birou
Schrievdisch
riglă
Lienholt
carte
Book
elev
Schöler

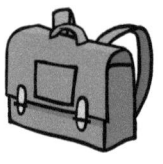

ghiozdan

Ranzel

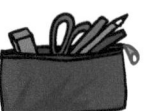

penar

Feddermapp

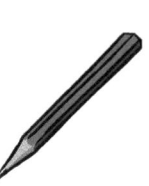

creion

Bleesticken

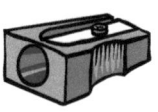

ascuțitoare

Scharpmaker

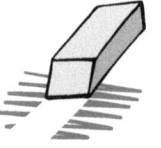

radieră

Radeergummi

bloc de desen

Tekenblock

desen

Teken

pensulă

Pinsel

cutie de acuarele

Malkassen

foarfece

Scheer

lipici

Klever

caiet de exerciții

Heft to'n Öven

temă

Huusopgaav

12

număr

Tall

2+2

a aduna

tohooptellen

5-2

a scădea

aftrecken

2×2

a multiplica

malnehmen

a calcula

reken

A

literă

Bookstaav

ABCDEFG
HIJKLMN
OPQRSTU
VWXYZ

alfabet

ABC

hello

cuvânt

Woort

text
Text

a citi
lesen

cretă
Kried

oră
Stunn

catalog
Klassenbook

examen
Pröven

certificat
Tüügnis

uniformă școlară
Schooluniform

educație
Utbillen

enciclopedie
Nakieksel

universitate
Universität

microscop
Mikroskop

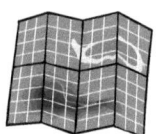

hartă
Koort

coș de gunoi
Papeerkorf

călătorie
Törn

hotel
Hotel
Grand
hostel
Harbarg
ROOMS
EXCHANGE
casă de schimb valutar
Wesselstuuv
valiză
Kuffer
autovehicul
Auto

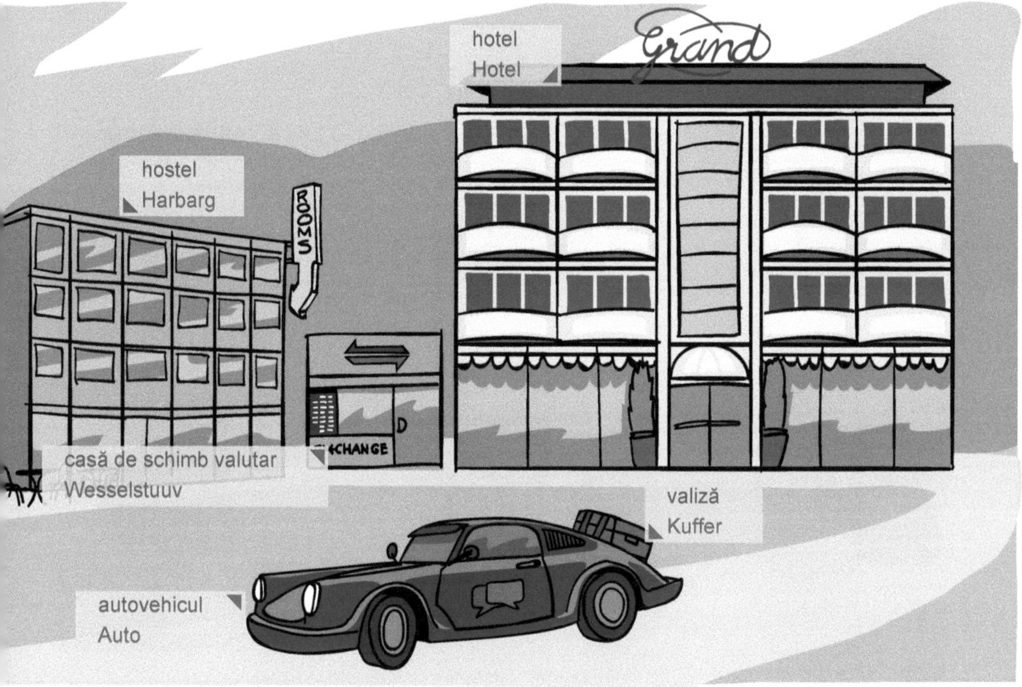

limbă

Spraak

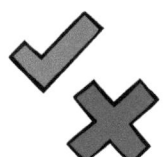

da/nu

jo / ne

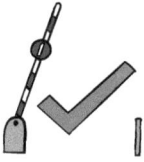

okay

Jo

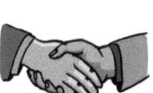

Bună!

Moin

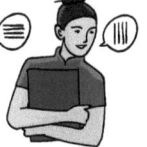

interpret

Översetter

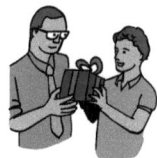

mulțumesc

Dank ok

Cât costă...?

Wat kost...?

Nu înțeleg

Ik verstah nich

problemă

Problem

Bună seara!

Goden Avend

Bună dimineața!

Moin!

Noapte bună!

Gode Nacht!

la revedere

Tschüüs

direcție

Richt

bagaj

Bagaasch

geantă

Tasch

rucsac

Rüchsack

oaspete

Gast

cameră

Stuuv

sac de dormit

Slaapsack

cort

Telt

unct de informare turistică

Touristeninformatschoon

plajă

Strand

carte de credit

Kreditkoort

mic dejun

Fröhstück

masa de prânz

Meddageten

cină

Avendeten

bilet de călătorie

Fohrkort

lift

Fohrstohl

timbru poștal

Breefmark

graniță

Grenz

vamă

Toll

ambasadă

Bottschop

viză

Visum

pașaport

Pass

transport
Transport

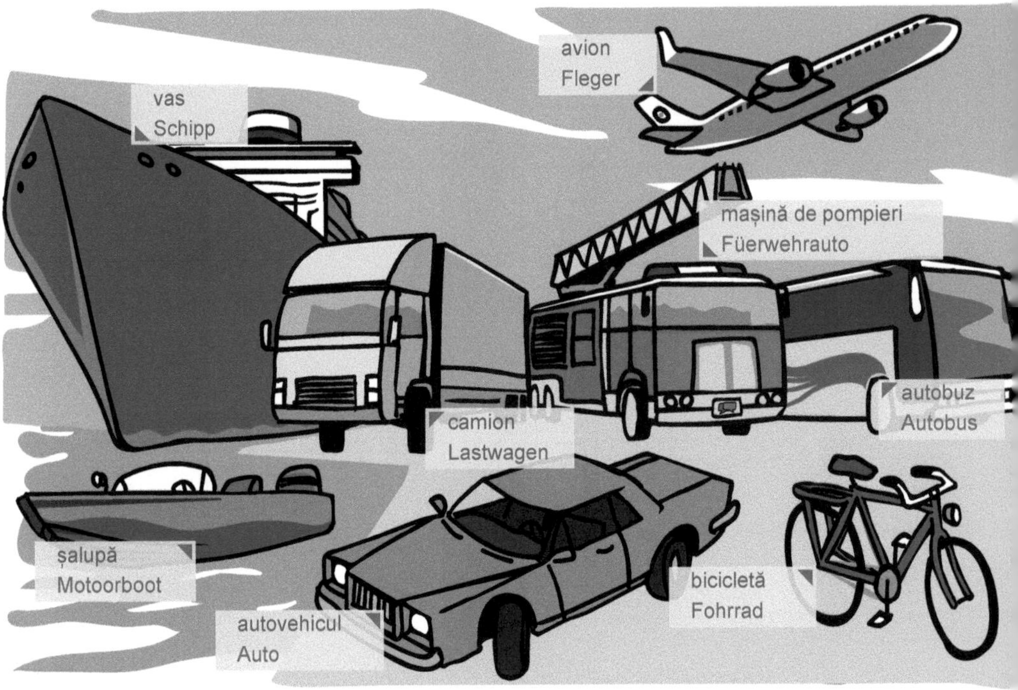
avion
Fleger
vas
Schipp
mașină de pompieri
Füerwehrauto
autobuz
Autobus
camion
Lastwagen
șalupă
Motoorboot
bicicletă
Fohrrad
autovehicul
Auto

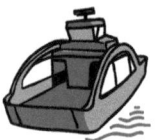

feribot

Fähr

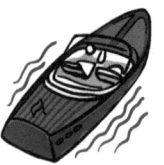

barcă

Boot

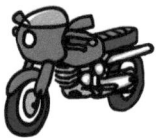

motocicletă

Motoorrad

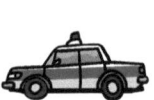

mașină de poliție

Polizeiauto

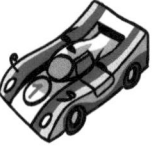

mașină de curse

Rönnauto

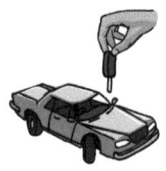

mașină închiriată

Lehnwagen

car sharing

Carsharing

mașină de tractat

Afsleepwagen

mașină de gunoi

Müllauto

motor

Motoor

combustibil

Kraftstoff

benzinărie

Tanksteed

semn de circulație

Verkehrsschild

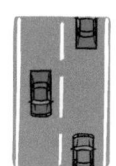

trafic

Verkehr

ambuteiaj

Stau

parcare

Afstellplatz

gară

Bahnhoff

șine

Sporen

tren

Tog

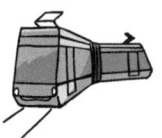

tramvai

Stratenbahn

vagon

Wagon

transport - Transport

9

elicopter

Dwarsmöhl

aeroport

Flooghaven

turn

Tower

pasager

Fohrgast

container

Grootkist

carton

Karton

căruță

Koor

coș

Korf

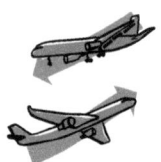

a decola/a ateriza

starten / lannen

oraș

Stadt

sat

Dörp

centru

Binnenstadt

casă

Huus

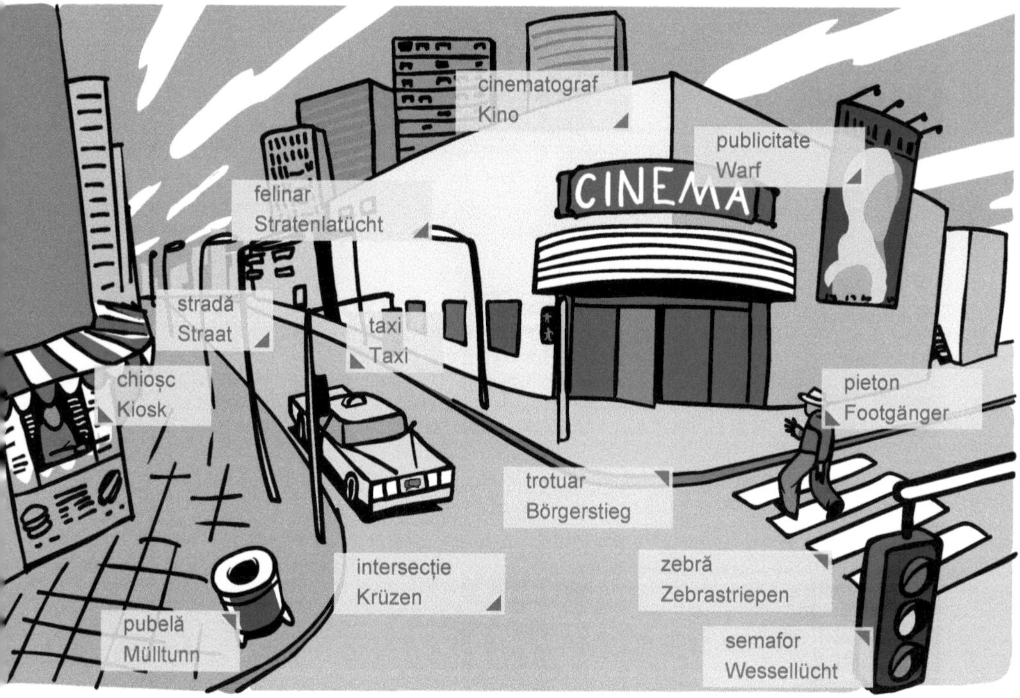

cinematograf
Kino

publicitate
Warf

felinar
Stratenlatücht

stradă
Straat

taxi
Taxi

chioșc
Kiosk

pieton
Footgänger

trotuar
Börgerstieg

intersecție
Krüzen

zebră
Zebrastriepen

pubelă
Mülltunn

semafor
Wessellücht

CINEMA

cabană
....
Hütt

apartament
....
Wahnung

gară
....
Bahnhoff

primărie
....
Raathuus

muzeu
....
Museum

școală
....
School

universitate

Universität

bancă

Bank

spital

Krankenhuus

hotel

Hotel

farmacie

Afteek

birou

Büro

librărie

Bookhökerie

magazin

Hökerie

florărie

Blomenhökerie

supermarket

Supermarkt

piață

Markt

magazin universal

Koophuus

comerciant de pește

Fischhökerie

centru comercial

Inkoopszentrum

port

Haven

oraș - Stadt

parc

Parkanlaag

bancă

Bank

pod

Brüch

trepte

Trepp

metrou

Ünnergrundbahn

tunel

Tunnel

stație de autobuz

Busstoppsteed

bar

Bar

restaurant

Spieslokal

cutie poștală

Breefkassen

tăbliță indicatoare cu numele străzii

Stratenschild

parcometru

Parkklock

grădină zoologică

Deertenpark

piscină

Baadanstalt

moschee

Moschee

gospodărie țărănească
Buernhoff

poluare
Ümweltversmudden

cimitir
Karkhoff

biserică
Kark

loc de joacă
Speelplatz

templu
Tempel

peisaj
Landschop

frunză
Blatt

indicator
Wiespahl

drum
Weg

pajiște
Wisch

piatră
Steen

copac
Boom

drumeț
Wannerer

râu
Fluss

iarbă
Gras

floare
Bloom

vale

Daal

deal

Barg

lac

See

pădure

Holt

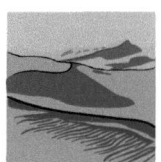

deșert

Wööst

vulcan

Füerspien Barg

castel

Slott

curcubeu

Regenbagen

ciupercă

Poggenstohl

palmier

Palm

țânțar

Steekmück

muscă

Fleeg

furnică

Miegeemk

albină

Imm

păianjen

Spinn

gândac

Sebber

broască

Pogg

veveriță

Katteker

arici

Swienegel

iepure

Haas

bufniță

Uul

pasăre

Vagel

lebădă

Swaan

porc mistreț

Wildswien

cerb

Hirsch

elan

Elk

dig

Staudamm

turbină eoliană

Windrad

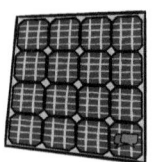

panou solar

Solarmodul

climă

Klima

peisaj - Landschop

restaurant
Spieslokal

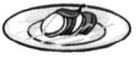

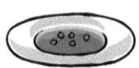

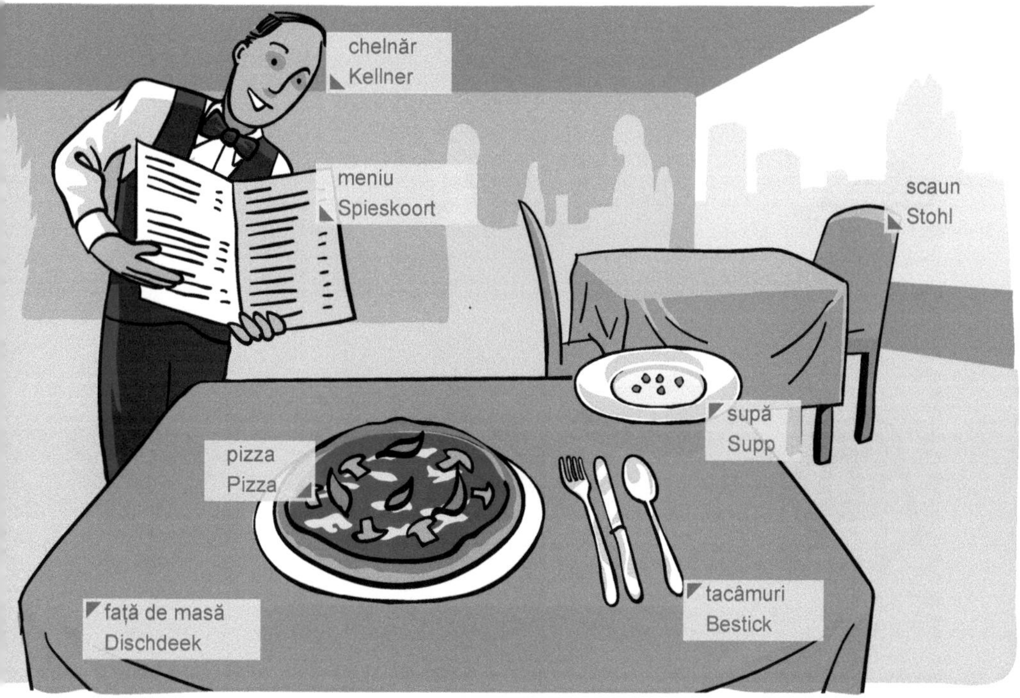
chelnăr
Kellner
meniu
Spieskoort
scaun
Stohl
supă
Supp
pizza
Pizza
față de masă
Dischdeek
tacâmuri
Bestick

antreu
Vörspies

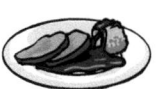

fel principal
Haupteten

desert
Nadisch

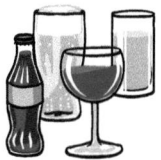

băuturi
Drünk

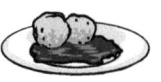

mâncare
Eten

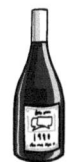

sticlă
Buddel

fastfood

Fastfood

streetfood

Strateneten

ceainic

Teekann

zaharniță

Zuckerdoos

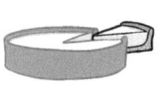

porție

Portschoon

espressor

Espressomaschien

scaun înalt (pentru copii)

Hoochstohl

factură

Reken

tavă

Tablett

cuțit

Mess

furculiță

Gavel

lingură

Lepel

linguriță

Teelepel

șervețel

Munddook

pahar

Glas

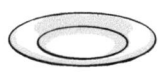

farfurie

Töller

farfurie de supă

Suppentöller

farfurie

Ünnertass

sos

Sooß

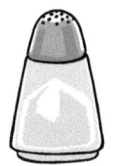

solniță

Soltstreuer

râșniță de piper

Pepermöhl

oțet

Etig

ulei

Ööl

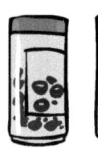

condimente

Krüder

ketchup

Ketchup

muștar

Mostrich

maioneză

Mayonnaise

supermarket
Supermarkt

ofertă
Anbott
FOR
client
Kunn
produse lactate
Melkprodukten
fructe
Aaft
cărucior de cumpărături
Inkoopswagen

BUTCHERS

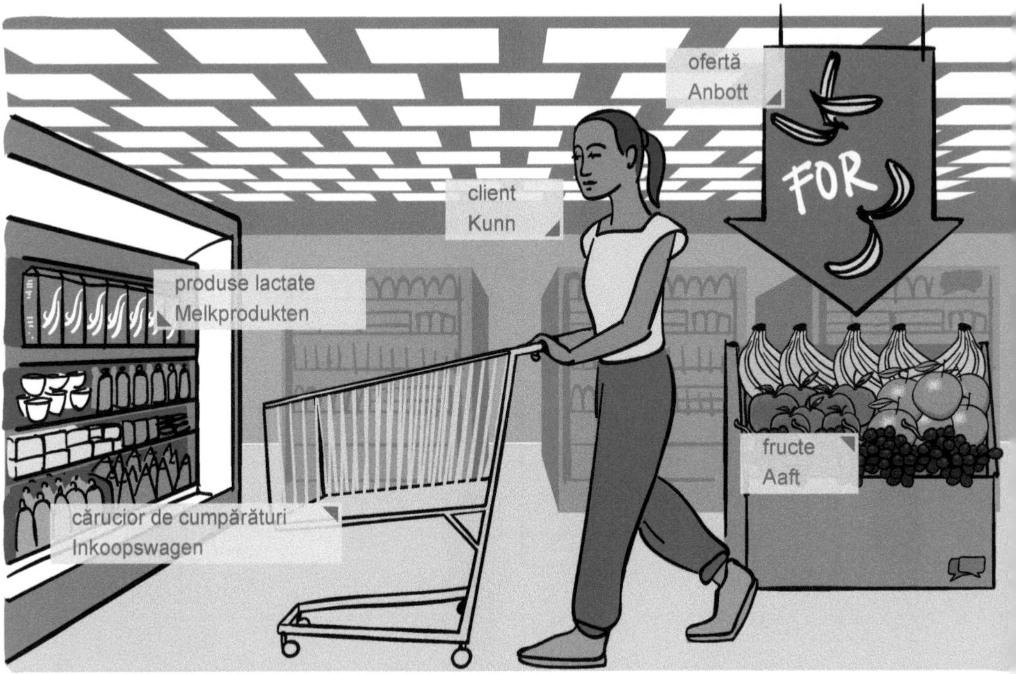

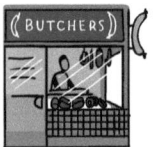

măcelărie

Slachterie

BAKERY

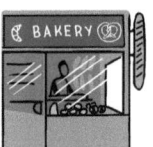

brutărie

Bäckerie

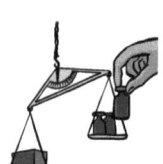

a cântări

wegen

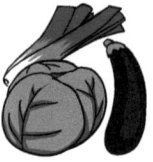

legume

Gröönsaken

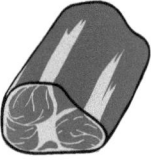

carne

Fleesch

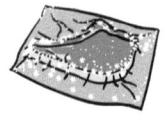

alimente refrigerate

Deepköhlkost

mezeluri și brânzeturi feliate

....

Opsnitt

conserve

....

Konserven

detergent

....

Waschmiddel

dulciuri

....

Snoopkraam

articole de menaj

....

Huushooltssaken

produse de curățenie

....

Reinmaaktüüch

vânzătoare

....

Verköpersche

casă

....

Kass

casier

....

Kasserer

listă de cumpărături

....

Inkoopslist

orar

....

Opsparrtieden

portmoneu

....

Breeftasch

carte de credit

....

Kreditkoort

geantă

....

Tasch

pungă de plastic

....

Plastiktüüt

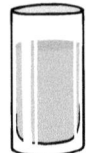

apă

Water

suc

Saft

lapte

Melk

cola

Cola

vin

Wien

bere

Beer

alcool

Spriet

cacao

Kakao

ceai

Tee

cafea

Koffie

espresso

Espresso

cappucino

Cappucino

banane

Banaan

măr

Appel

portocală

Appelsien

pepene

Meloon

lămâie

Zitroon

morcov

Wöttel

usturoi

Knuuvlook

bambus

Bambus

ceapă

Zibbel

ciupercă

Poggenstohl

nuci

Nööt

paste făinoase

Nudeln

spagheti

Spaghetti

orez

Ries

salată

Salat

cartofi prăjiţi

Pommes frites

cartofi ţărăneşti

Braadkantüffeln

pizza

Pizza

hamburger

Hamborger

sandwich

Sandwich

şniţel

Snitzel

şuncă

Schinken

salam

Salami

cârnaţi

Wust

pui

Hohn

friptură

Braden

peşte

Fisch

fulgi de ovăz

Haverflocken

musli

Müsli

cereale

Cornflakes

făină

Mehl

corn

Croissant

chifle

Rundstück

pâine

Broot

pâine prăjită

Toast

biscuiți

Keksen

unt

Botter

brânză de vaci

Quark

prăjitură

Koken

ou

Ei

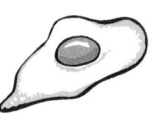

ouă ochiuri

Spegelei

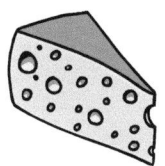

brânză

Kees

mâncare - Eten

îngheţată

Ies

zahăr

Zucker

miere

Honnig

marmeladă

Marmelaad

cremă nuga

Nougat-Creme

curry

Curry

gospodărie țărănească
Buernhoff

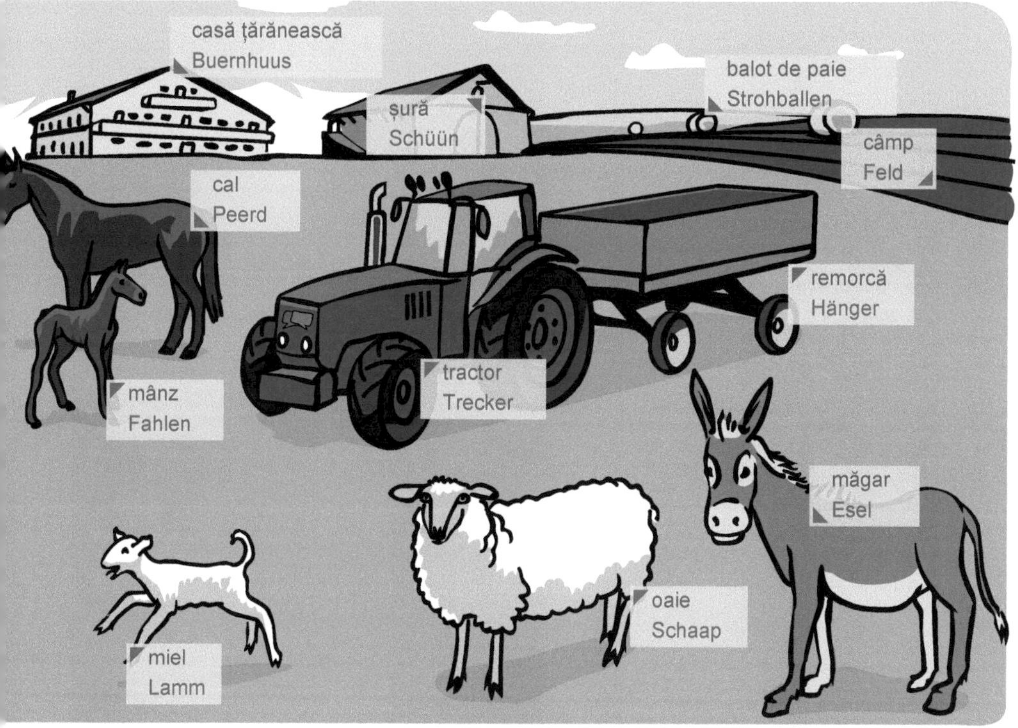
casă țărănească
Buernhuus
șură
Schüün
balot de paie
Strohballen
câmp
Feld
cal
Peerd
remorcă
Hänger
mânz
Fahlen
tractor
Trecker
măgar
Esel
oaie
Schaap
miel
Lamm

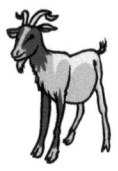

capră
Zeeg

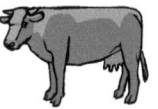

vacă
Koh

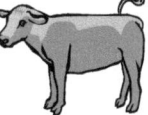

vițel
Kalf

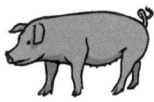

porc
Swien

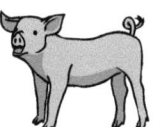

purcel
Farken

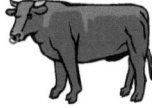

taur
Bull

găină
Goos

rață
Aant

pui
Küken

găină
Hohn

cocoș
Hahn

șobolan
Rott

pisică
Katt

șoarece
Muus

bou
Oss

câine
Hund

cușcă
Hunnenhütt

furtun de grădină
Goornslauch

stropitoare
Geetkann

coasă
Lee

plug
Ploog

secată

secerä

Sich

sapă

Hack

furcă

Mestfork

secure

Ext

roabă

Schuufkoor

troacă

Trog

cană pentru lapte

Melkkann

sac

Sack

gard

Tuun

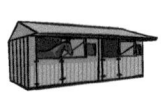

grajd

Stall

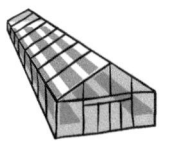

seră

Drievhuus

sol

Bodden

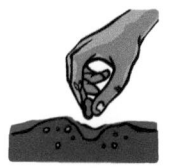

sămânţă

Saat

fertilizator

Dünger

combină de treierat

Meihdöscher

a culege

oornen

recoltă

Oorn

cartof yam

Yamswöttel

grâu

Weten

soia

Soja

cartof

Kantüffel

porumb

Törksche Weten

rapiță

Rapp

pom fructifer

Aaftboom

manioc

Troopsch Kantüffel

cereale

Koorn

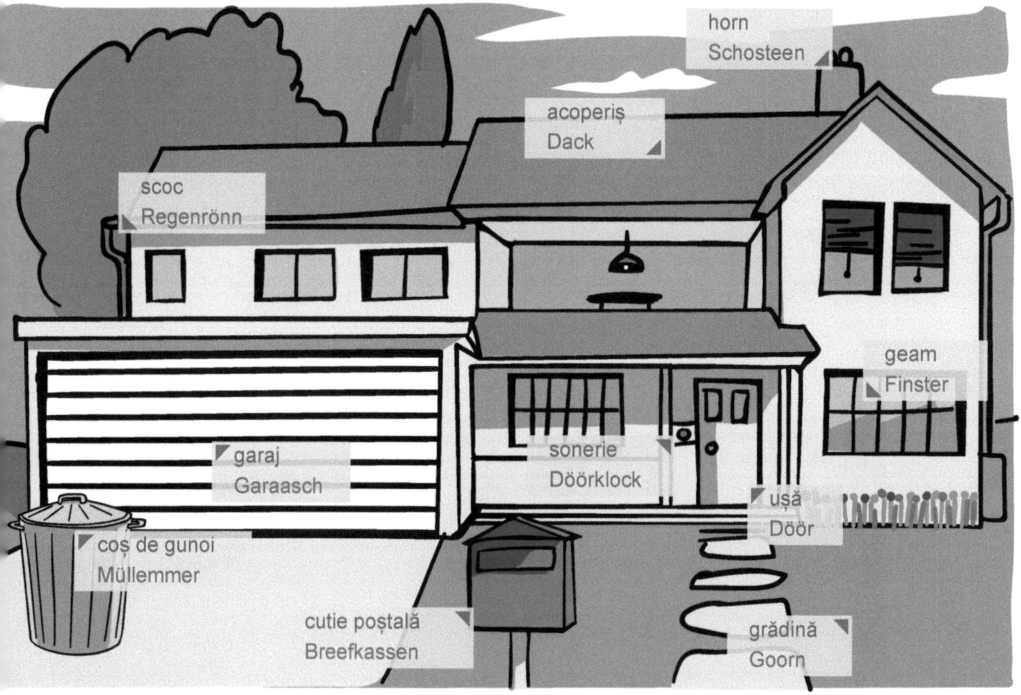

horn
Schosteen

acoperiș
Dack

scoc
Regenrönn

geam
Finster

garaj
Garaasch

sonerie
Döörklock

ușă
Döör

coș de gunoi
Müllemmer

cutie poștală
Breefkassen

grădină
Goorn

cameră de zi

Wahnstuuv

baie

Baadstuuv

bucătărie

Köök

dormitor

Slaapstuuv

camera copiilor

Kinnerstuuv

sufragerie

Eetstuuv

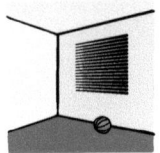

podea
Footbodden

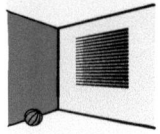

perete
Wand

tavan
Deek

pivniță
Keller

saună
Hittluftbad

balcon
Balkon

terasă
Terrass

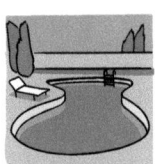

piscină
Swümmbad

mașină de tuns iarba
Rasenmeiher

cearșaf
Bettbetog

cuvertură
Bettdeek

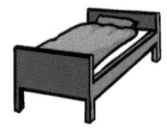

pat
Puuch

mătură
Bessen

găleată
Emmer

întrerupător
Schalter

camеră de zi
Wahnstuuv

tapet
Tapeet
pictură
Bild
lampă
Lamp
raft
Regal
dulap
Schapp
televizor
Kiekkassen
șemineu
Kamin
floare
Bloom
pernă
Küssen
sofa
Sofa
vază
Vaas
telecomandă
Feernbedenen

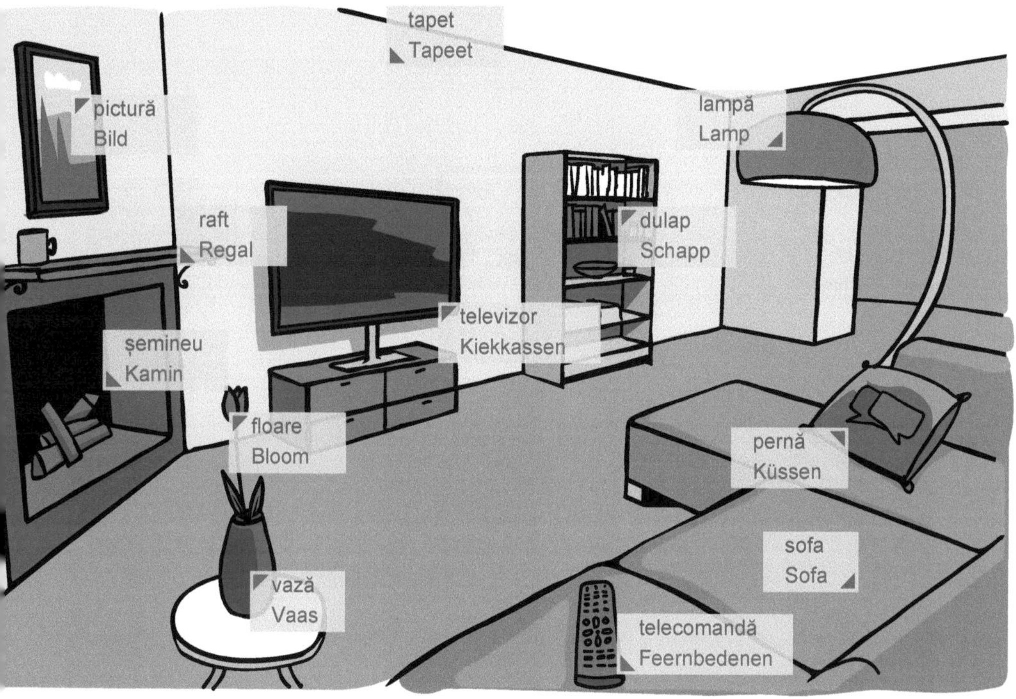

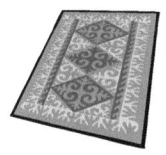

covor

Teppich

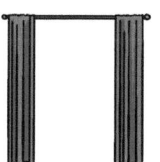

perdea

Vörhang

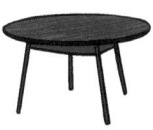

masă

Disch

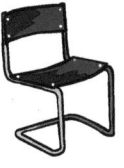

scaun

Stohl

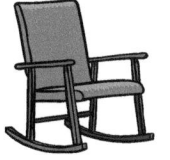

balansoar

Schuckelstohl

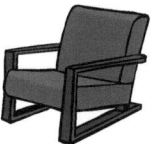

fotoliu

Sessel

carte

Book

pătură

Deek

decoraţiune

Dekoratschoon

lemn de foc

Füerholt

film

Film

instalaţie stereo

Stereoanlaag

cheie

Slötel

ziar

Narichtenblatt

desen

Gemälde

poster

Poster

radio

Radio

caiet de notiţe

Opschrievblock

aspirator

Huulbessen

cactus

Kaktus

lumânare

Kars

bucătărie
Köök

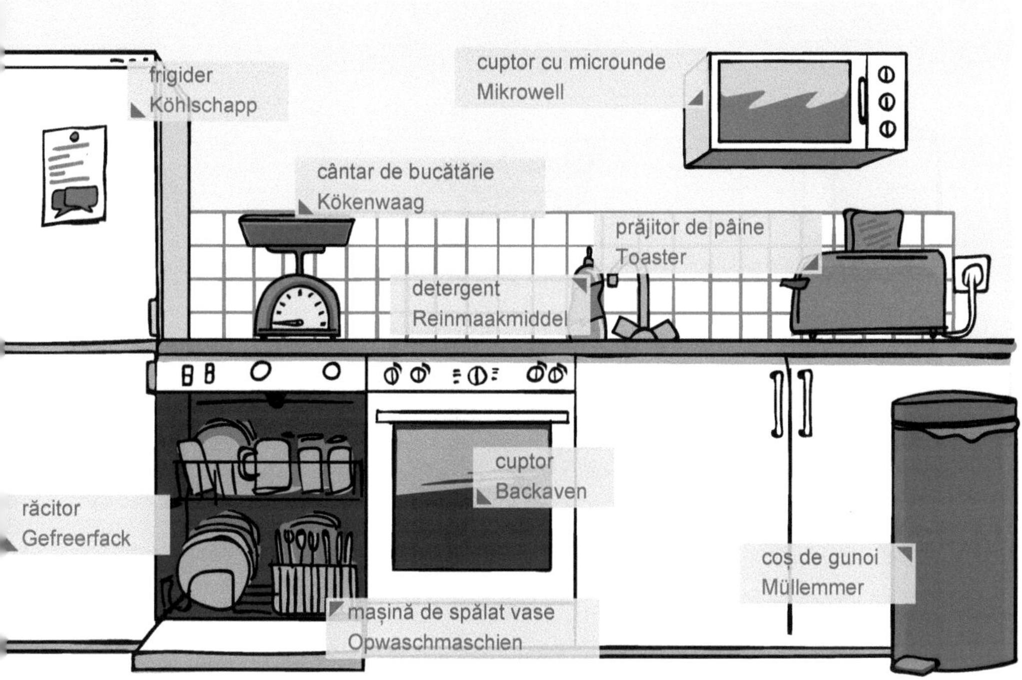

frigider
Köhlschapp
cuptor cu microunde
Mikrowell
cântar de bucătărie
Kökenwaag
prăjitor de pâine
Toaster
detergent
Reinmaakmiddel
cuptor
Backaven
răcitor
Gefreerfack
coș de gunoi
Müllemmer
mașină de spălat vase
Opwaschmaschien

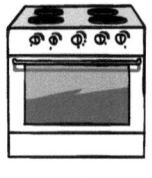

cuptor

Heerd

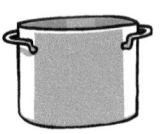

oală

Pott

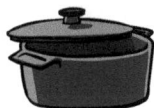

oală de metal

Gussiesern Putt

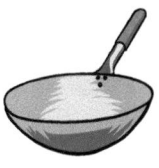

wok/kadai

Wok / Kadai

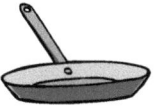

tigaie

Pann

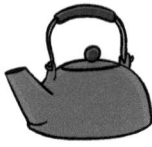

ceainic

Waterkaker

oală de gătit cu aburi

Dampkaakputt

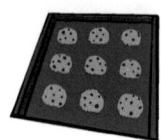

tavă de copt

Backblick

veselă

Geschirr

pahar

Beker

bol

Schaal

bețișoare

Eetsticken

polonic

Suppenkell

spatulă

Pannenwenner

tel

Sneebessen

sită

Kaakseef

sită

Seef

răzătoare

Riev

mojar

Mörser

grătar

Grill

loc pentru grătar

Füerstell

tocător

Sniedbrett

sucitor

Nudelholt

tirbușon

Proppentrecker

conservă

Doos

deschizător de conserve

Dosenaapner

șervete termice

Pottlappen

chiuvetă

Waschbecken

perie

Böst

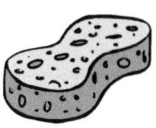

burete

Swamm

mixer

Mixer

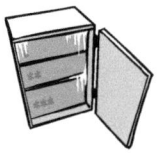

ladă frigorifică

lesschapp

biberon

Nuckelbuddel

robinet

Waterhahn

baie

Baadstuuv

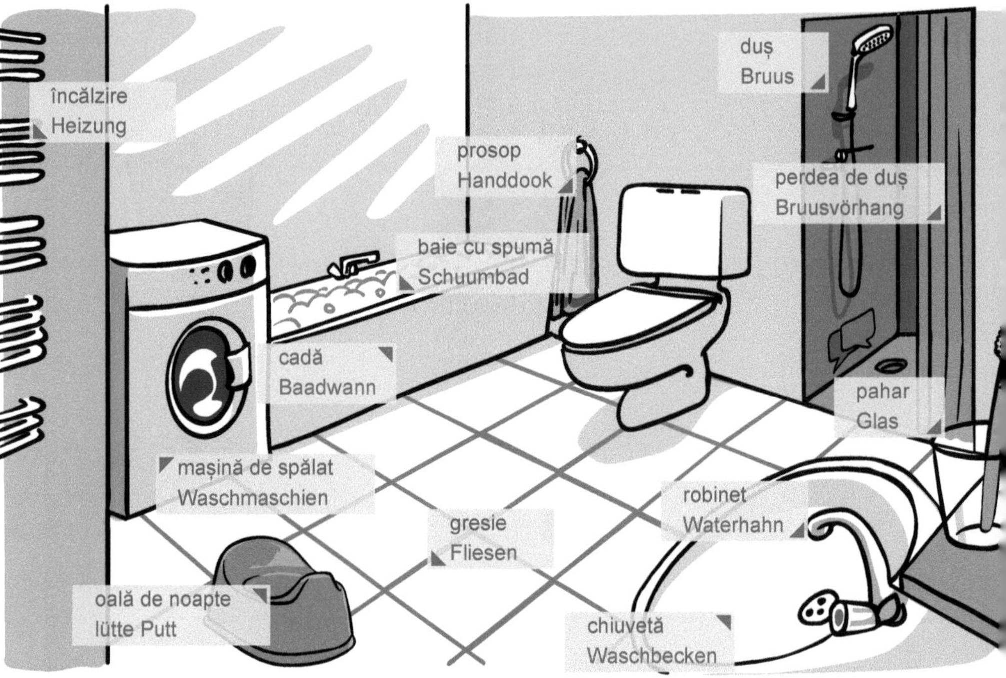
încălzire
Heizung
prosop
Handdook
duș
Bruus
perdea de duș
Bruusvörhang
baie cu spumă
Schuumbad
cadă
Baadwann
pahar
Glas
mașină de spălat
Waschmaschien
robinet
Waterhahn
gresie
Fliesen
oală de noapte
lütte Putt
chiuvetă
Waschbecken

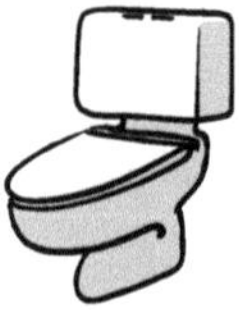

toaletă

Tante Meier

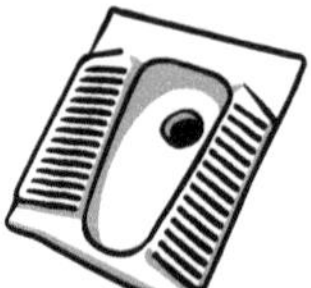

toaletă turcească

Hockklo

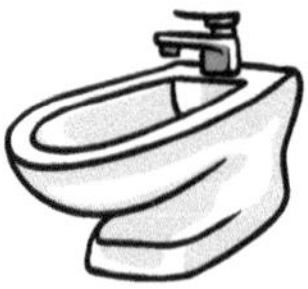

bideu

Bidet

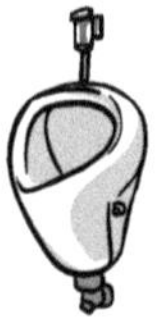

pisoir

Miegbecken

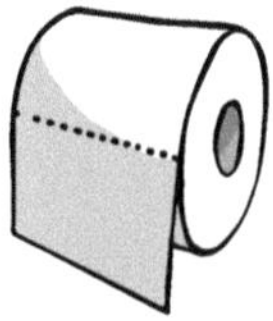

hârtie igienică

Klopapeer

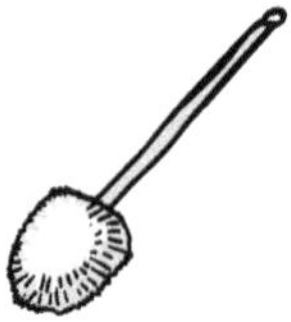

perie de toaletă

Kloböst

periuță de dinți

Tähnböst

pastă de dinți

Tähnpast

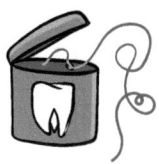

ață dentară

Tähnsied

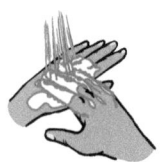

a spăla

waschen

cap de duș

Handbruus

duș intim

Intimbruus

lavoar

Waschschöttel

perie pentru spate

Rüchböst

săpun

Seep

gel de duș

Bruusgeel

șampon

Hoorwaschmiddel

cârpă de spălat

Waschlappen

scurgere

Afloop

cremă

Creme

deodorant

Deodorant

oglindă
....
Spegel

oglindă cosmetică
....
Kosmetikspegel

aparat de ras
....
Raserer

spumă de ras
....
Raseerschuum

aftershave
....
Raseerwater

pieptene
....
Kamm

perie
....
Böst

uscător de păr
....
Hoordröger

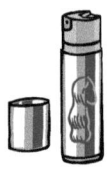

fixator
....
Hoorspray

machiaj
....
Smink

ruj
....
Lippensticken

lac de unghii
....
Nagellack

vată
....
Watt

foarfece de unghii
....
Nagelscheer

parfum
....
Rüükwater

neseser
Kulturbüdel

taburet
Schemel

cântar
Waag

halat de baie
Baadmantel

mănuși de cauciuc
Gummihanschen

tampon
Tampon

tampon
Damenbinn

toaletă chimică
Chemieklo

camera copiilor
Kinnerstuuv

ceas deșteptător
Wecker
jucărie de pluș
Knudeldeert
mașină de jucărie
Speeltüüchauto
morișcă
Klöter
casă de păpuși
Poppenhuus
cadou
Geschenk

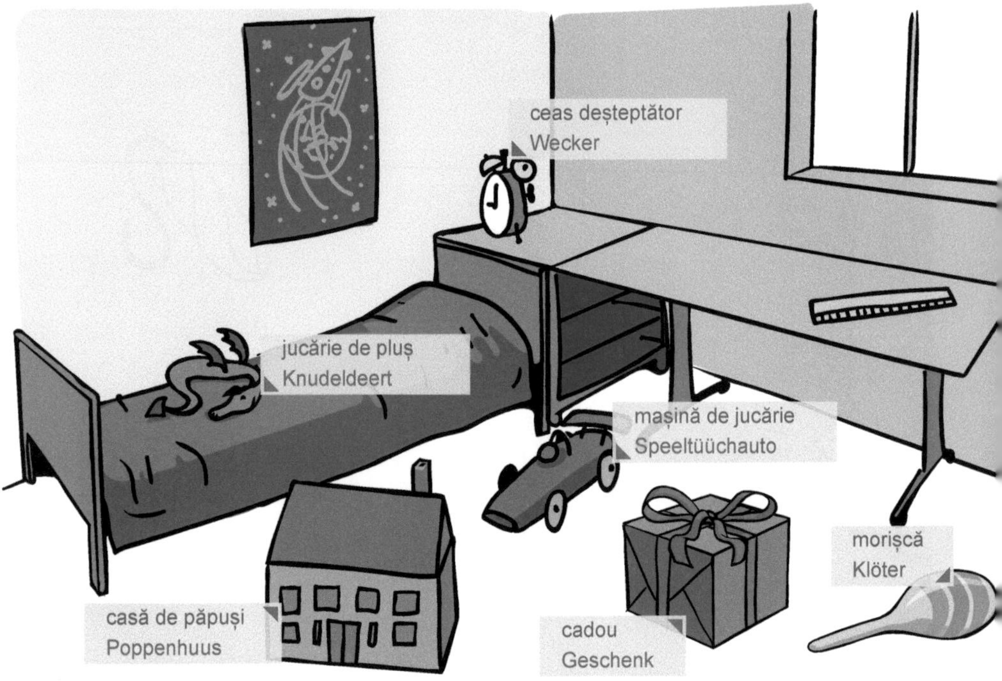

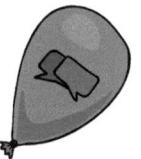

balon
Luftballon

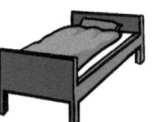

pat
Puuch

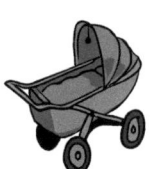

cărucior de copii
Kinnerwagen

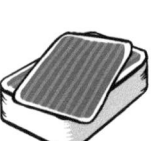

joc de cărți
Koortenspeel

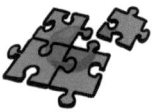

puzzle
Puzzle

SUPER MEGA

revistă de benzi desenate
Billergeschicht

cuburi lego

Legostenen

piese pentru construcții

Bustenen

personaj din filmele de acţiune

Action-Figur

body

Strampelantog

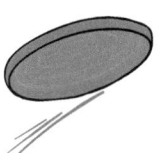

frisbee

Frisbeeschiev

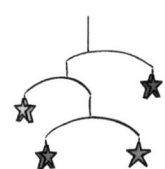

mobil

Mobile

joc de societate

Brettspeel

zar

Wörpel

set trenuleţ de jucărie

Modelliesenbahn

suzetă

Snuller

petrecere

Party

carte cu poze

Billerbook

minge

Ball

păpușă

Popp

a se juca

spelen

groapă de nisip

Sandkassen

leagăn

Schuckel

jucării

Speeltüüch

consolă video

Speelkonsool

tricicletă

Dreerad

ursuleț

Teddyboor

dulap

Klederschapp

îmbrăcăminte
Tüüch

șosete

Socken

ciorapi

Strümp

dres

Strumpbüx

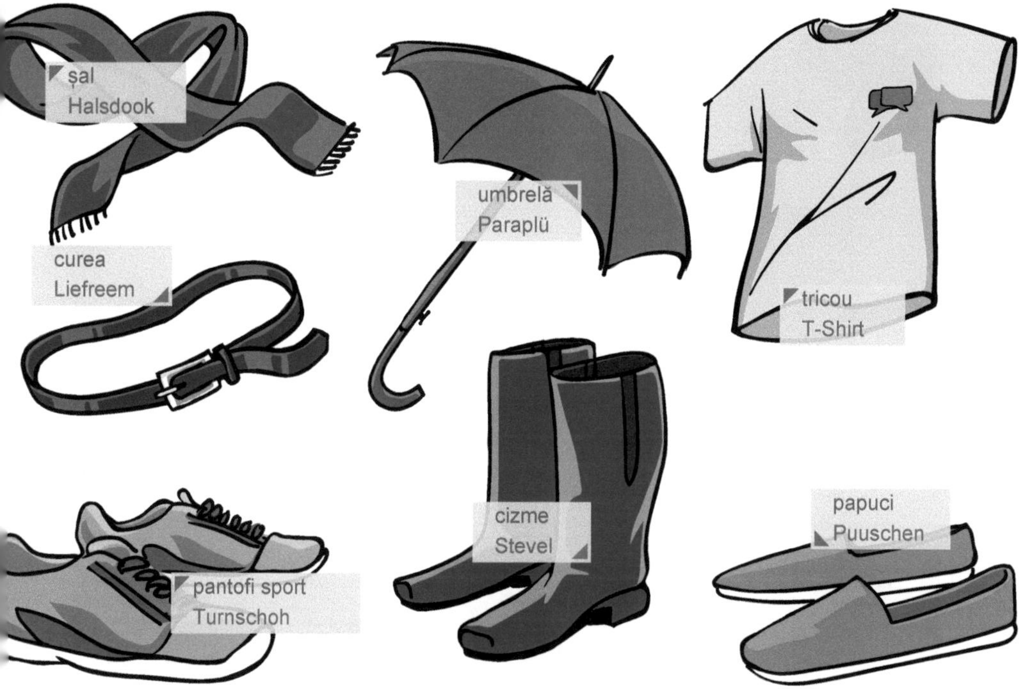

şal
Halsdook

curea
Liefreem

umbrelă
Paraplü

tricou
T-Shirt

pantofi sport
Turnschoh

cizme
Stevel

papuci
Puuschen

sandale
Sandalen

încălţăminte
Schoh

cizme de cauciuc
Gummistevel

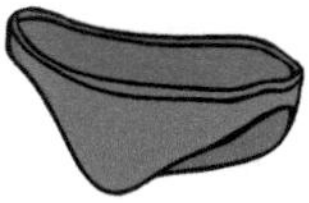

chilot
Ünnerbüx

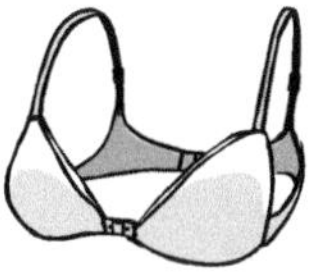

sutien
Bostholler

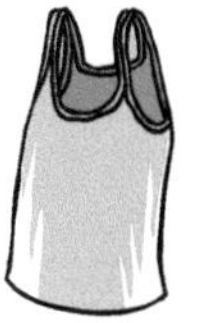

maiou
Ünnerhemd

body
Lief

pantaloni
Büx

blugi
Jeansnüx

fustă
Rock

bluză
Bluus

cămașă
Hemd

pulover
Pullover

jerseu
Kapuzenpullover

sacou
Blazer

jachetă
Jack

palton
Mantel

pelerină de ploaie
Övertrecker

costum
Kostüm

rochie
Kleed

rochie de mireasă
Hochtietskleed

costum

Antog

cămașă de noapte

Nachtkleed

pijama

Slaapantog

sari

Sari

batic

Koppdook

turban

Turban

burka

Burka

caftan

Kaftan

abaya

Abaya

costum de baie

Baadantog

șort

Baadbüx

pantaloni scurți

Korte Büx

trening

Antog to'n Öven

șorț

Schört

mănuși

Handschoh

nasture

Knopp

ochelari

Brill

brățară

Armband

lanț

Halskeed

inel

Ring

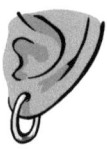

cercel

Ohrbummel

căciulă

Mütz

umeraș

Klederbögel

pălărie

Hoot

cravată

Binner

fermoar

Rietslüter

cască

Helm

bretele

Drachtband

uniformă școlară

Schooluniform

uniformă

Uniform

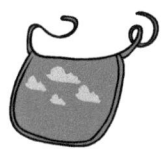

baveţică

Severböten

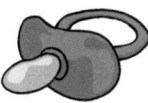

suzetă

Snuller

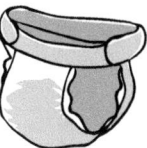

scutec

Winnel

birou
Büro

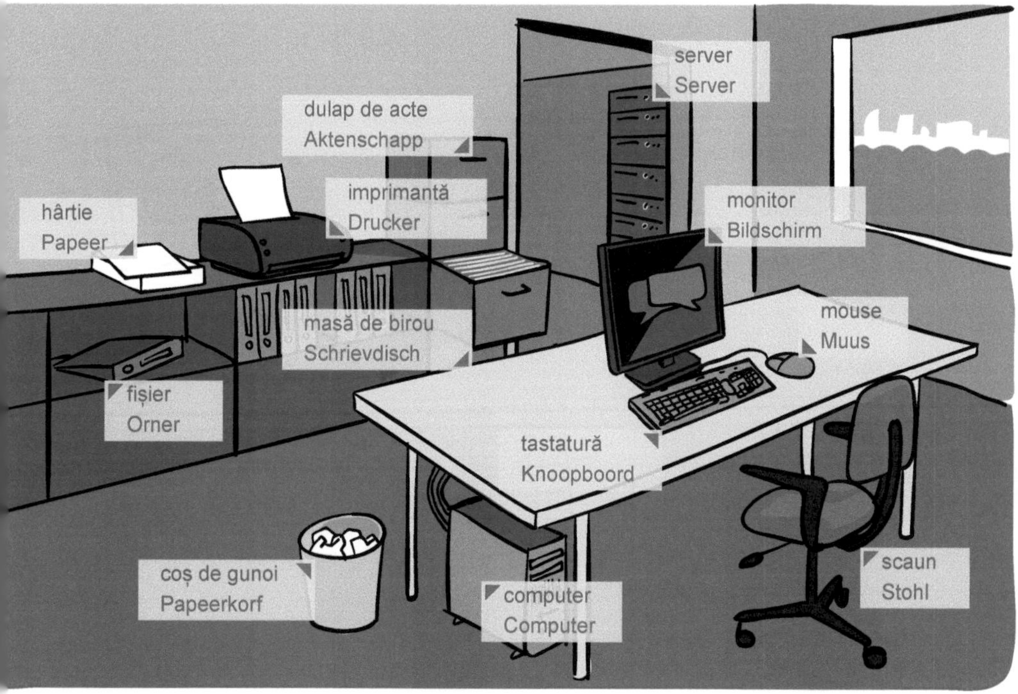

server
Server
dulap de acte
Aktenschapp
hârtie
Papeer
imprimantă
Drucker
monitor
Bildschirm
mouse
Muus
masă de birou
Schrievdisch
fişier
Orner
tastatură
Knoopboord
coş de gunoi
Papeerkorf
computer
Computer
scaun
Stohl

ceaşcă de cafea

Koffiebeker

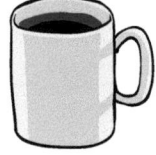

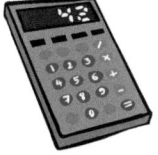

calculator

Taschenreekner

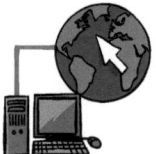

internet

Internet

laptop

Klappreekner

scrisoare

Breef

mesaj

Naricht

telefon mobil

Ackersnacker

rețea

Nettwark

copiator

Kopeerapparat

software

Software

telefon

Klöönkassen

priză

Steekdoos

fax

Faxapparat

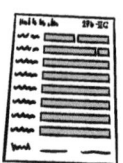

formular

Formulor

document

Dokument

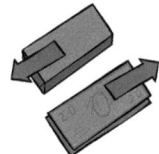

a cumpăra

köpen

a plăti

betahlen

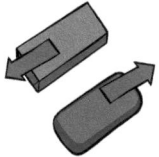

a face comerţ

hanneln

bani

Geld

Dolar

Dollar

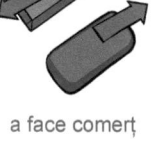

Euro

Euro

Yen

Yen

Rublă

Ruvel

Franc Elveţian

Swiezer Franken

renminbi yuan

Renminbi Yuan

Rupie

Rupie

bancomat

Geldautomat

casă de schimb valutar

Wesselstuuv

aur

Gold

argint

Sülver

petrol

Ööl

energie

Energie

preţ

Pries

contract

Verdrag

impozit

Stüer

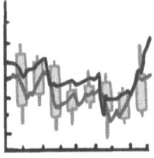

acţiune

Andeelschien

a munci

arbeiden

angajat

Anstellte

angajator

Arbeitgever

fabrică

Fabrik

magazin

Hökerie

ocupații
Profeschonen

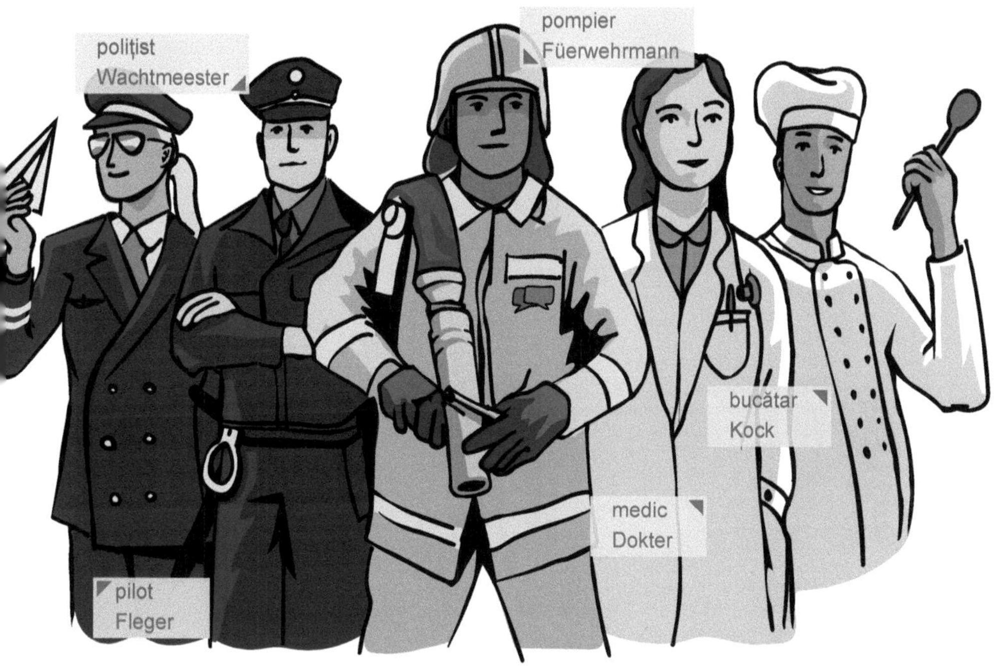
polițist
Wachtmeester
pompier
Füerwehrmann
bucătar
Kock
medic
Dokter
pilot
Fleger

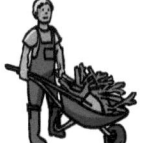

grădinar

Goorner

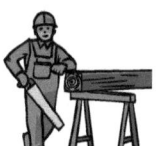

tâmplar

Discher

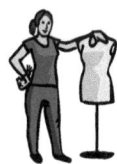

cusătoreasă

Neihersche

judecător

Richter

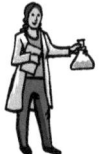

chimist

Chemiker

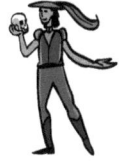

actor

Schauspeler

şofer de autobuz

Busfohrer

şofer de taxi

Taxifohrer

pescar

Fischer

femeie de serviciu

Reinmaakfru

tinichigiu

Dackdecker

chelnăr

Kellner

vânător

Jäger

pictor

Maler

brutar

Bäcker

electrician

Elektriker

muncitor în construcţii

Buarbeider

inginer

Ingenieur

măcelar

Slachter

instalator

Klempner

poştaş

Postbüdel

soldat
Suldat

arhitect
Architekt

casier
Kasserer

florar
Florist

frizer
Putzbüdel

controlor
Schaffner

mecanic
Mechaniker

căpitan
Kaptein

stomatolog
Tähndokter

om de știință
Wetenschopler

rabin
Rabbi

imam
Imam

călugăr
Mönk

preot
Paap

instrumente
Warktüüch

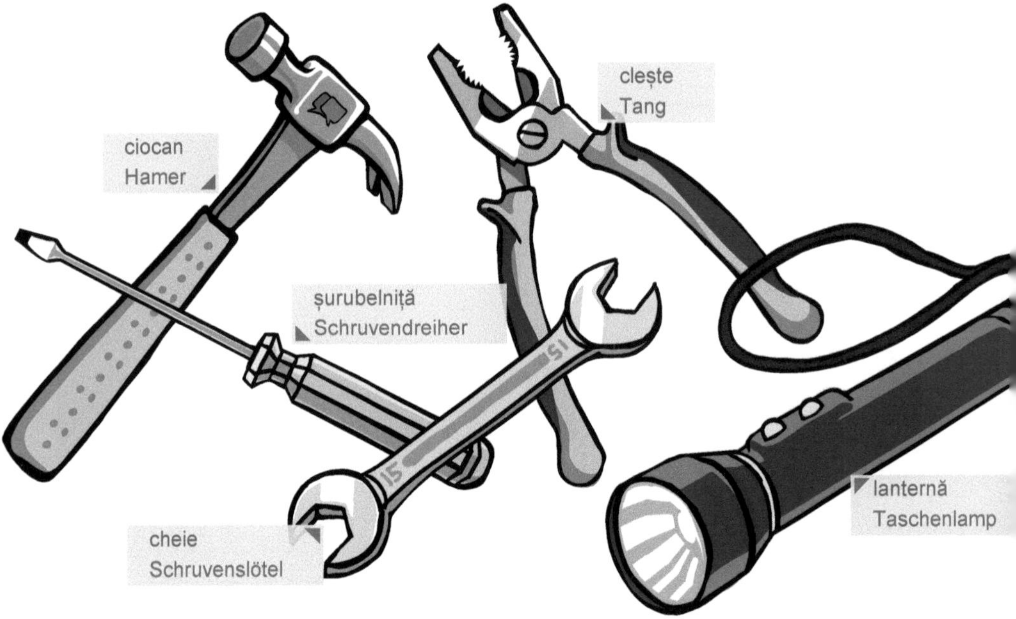

ciocan
Hamer
clește
Tang
șurubelniță
Schruvendreiher
cheie
Schruvenslötel
lanternă
Taschenlamp

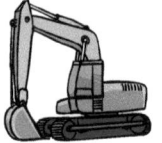

excavator
Grieper

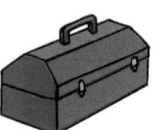

cutie de scule
Warktüüchkassen

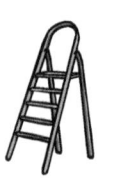

scară
Ledder

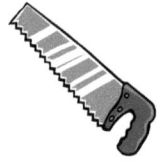

ferăstrău
Saag

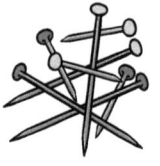

cuie
Nagels

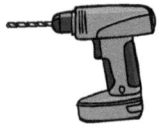

burghiu
Bohrer

a repara
....
heelmaken

lopată
....
Schüffel

La naiba!
....
Schiet!

făraș
....
Kehrblick

vas pentru vopsea
....
Farvpott

șuruburi
....
Schruven

instrumente muzicale
Musikinstrumenten

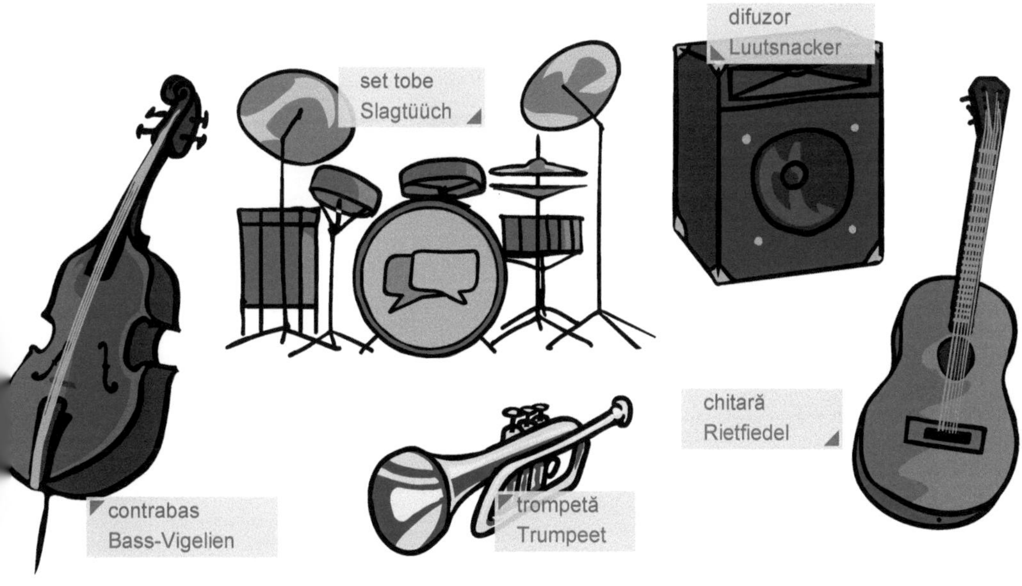

difuzor
Luutsnacker

set tobe
Slagtüüch

contrabas
Bass-Vigelien

trompetă
Trumpeet

chitară
Rietfiedel

pian

Klaveer

vioară

Vigelien

bas

Bass

trombon

Pauk

tobă

Trummeln

keyboard

Keyboard

saxofon

Saxophon

fluier

Fleut

microfon

Mikrofoon

grădină zoologică
Deertenpark

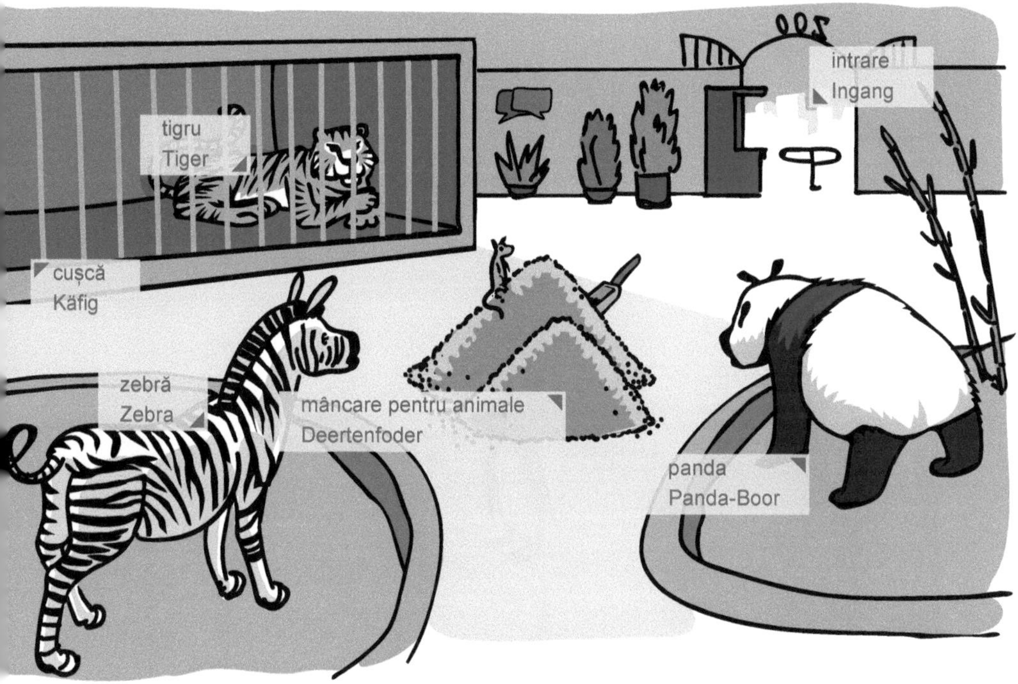

intrare
Ingang
tigru
Tiger
cușcă
Käfig
zebră
Zebra
mâncare pentru animale
Deertenfoder
panda
Panda-Boor

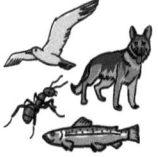

animale

Deerten

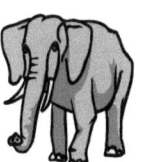

elefant

Elefant

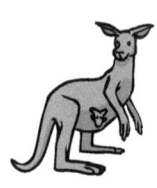

cangur

Känguru

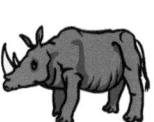

rinocer

Neeshoorn

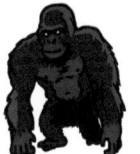

gorilă

Gorilla

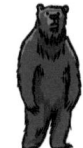

urs

Boor

cămilă

Kameel

struț

Struuß

leu

Lööv

maimuță

Aap

flamingo

Flamingo

papagal

Papagoi

urs polar

lesboor

pinguin

Pinguin

rechin

Haifisch

păun

Pageluun

șarpe

Slang

crocodil

Krokodil

îngrijitor grădina zoologică

Oppasser in'n Deertenpark

focă

Saalhund

jaguar

Jaguor

ponei
Pony

leopard
Leopard

hipopotam
Nilpeerd

girafă
Giraff

acvilă
Aadler

porc mistreț
Wildswien

pește
Fisch

broască țestoasă
Schildkrööt

morsă
Walross

vulpe
Voss

gazelă
Gazell

fotbal american
Amerikaansch Football

ciclism
Radfohren

tenis
Tennis

basketball
Korfball

înot
Swümmen

box
Boxen

hockey pe gheață
Ieshockey

fotbal
Football

badminton
Fedderball

atletism
Leichtathletik

handbal
Handball

schi
Skilopen

polo
Polo

activități
Aktivitäten

a sări
springen
a îmbrățișa
ümarmen
a râde
lachen
a merge
gahn
a cânta
singen
a visa
drömen
a se ruga
beden
a săruta
snuteln

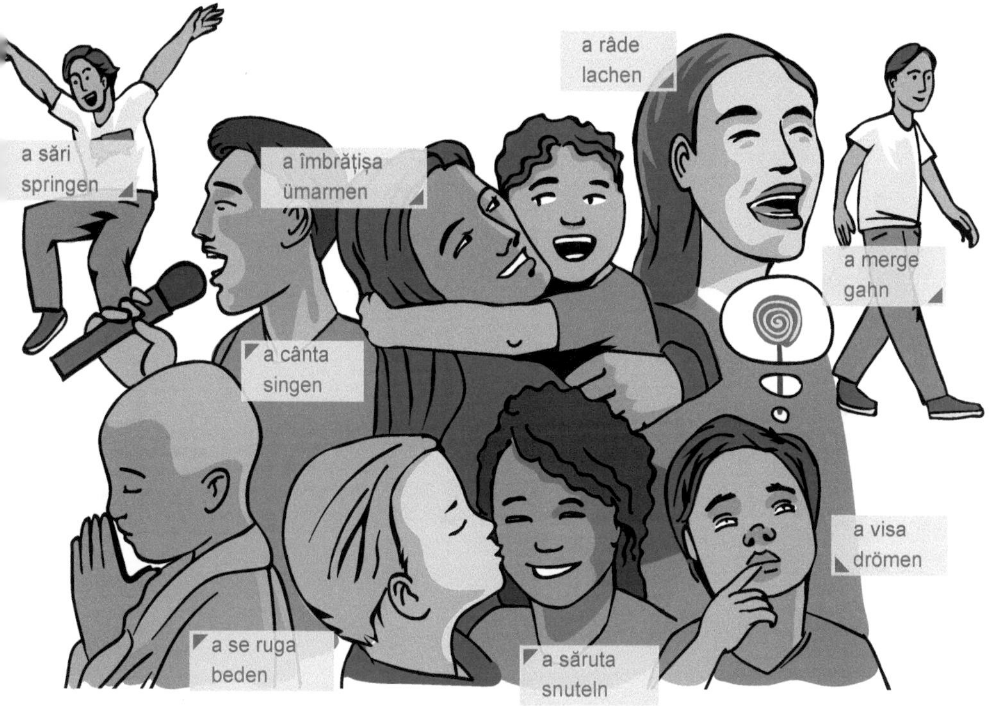

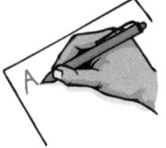

a scrie

schrieven

a desena

teken

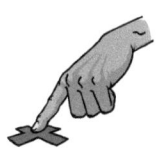

a arăta

wiesen

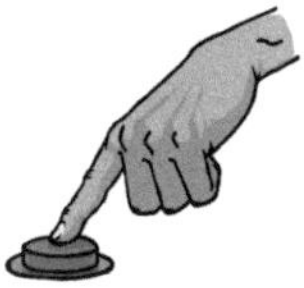

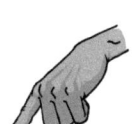

a împinge

drücken

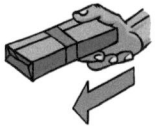

a da

geven

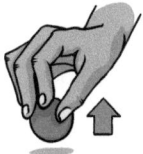

a lua

nehmen

a avea

hebben

a face

doon

a fi

sien

a sta în picioare

stahn

a fugi

lopen

a trage

trecken

a arunca

smieten

a cădea

fallen

a sta întins

liggen

a aștepta

töven

a purta

dregen

a ședea

sitten

a se îmbrăca

antrecken

a dormi

slapen

a se trezi

opwaken

a privi

ankieken

a plânge

wenen

a mângâia

eien

a se pieptăna

kämmen

a vorbi

snacken

a înţelege

verstahn

a întreba

fragen

a asculta

hören

a bea

drinken

a mânca

eten

a face ordine

oprümen

a iubi

leefhebben

a găti

kaken

a conduce

fohren

a zbura

flegen

a naviga

segeln

a calcula

reken

a citi

lesen

a învăța

lehren

a munci

arbeiden

a se căsători

de Plünnen tohoopsmieten

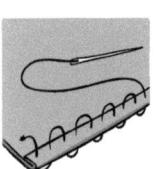

a coase

neihen

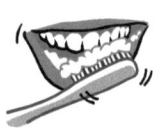

a se spăla pe dinți

Tähnen putzen

a ucide

dootmaken

a fuma

smöken

a trimite

schicken

familie
Familje

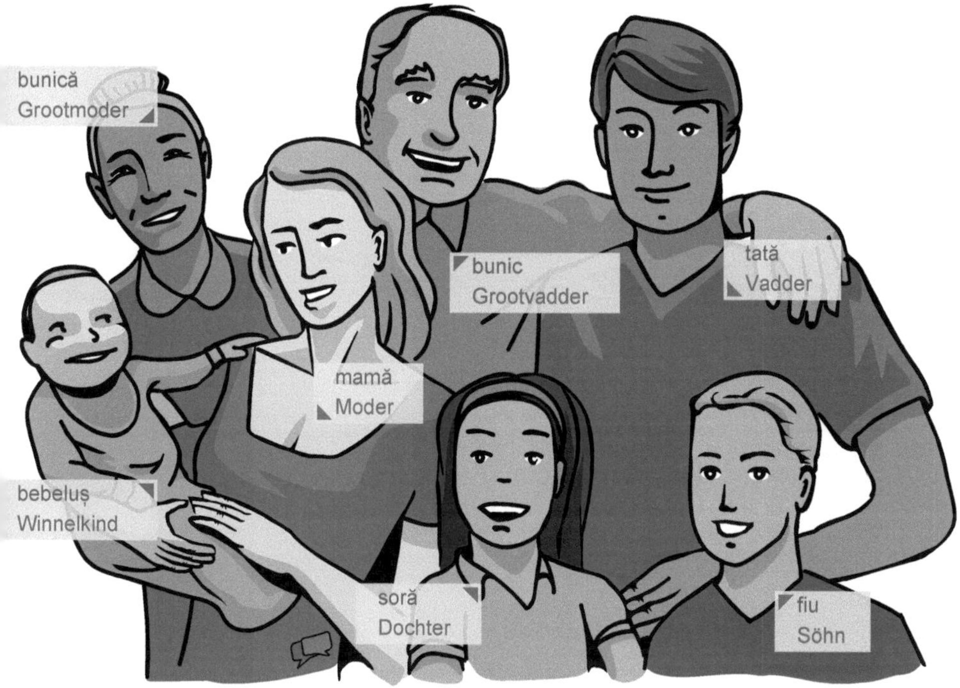
bunică
Grootmoder
bunic
Grootvadder
tată
Vadder
mamă
Moder
bebeluș
Winnelkind
soră
Dochter
fiu
Söhn

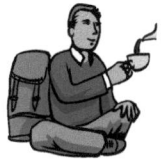

oaspete

Gast

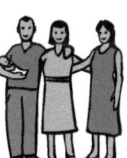

mătușă

Tant

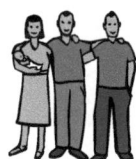

unchi

Unkel

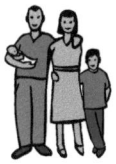

frate

Broder

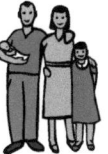

soră

Süster

corp

Lief

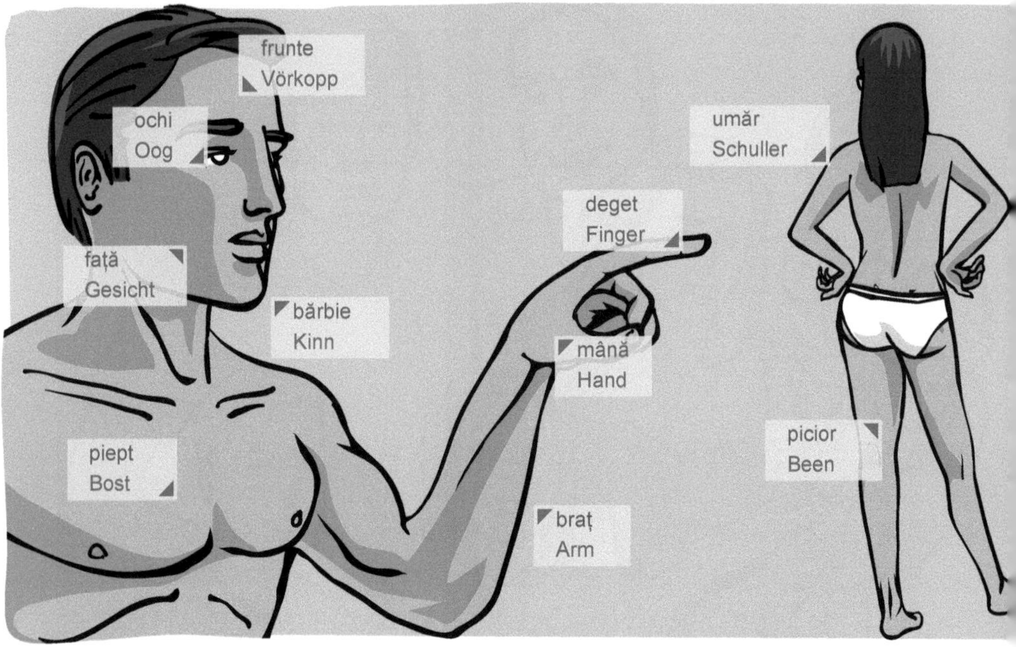

frunte
Vörkopp
ochi
Oog
umăr
Schuller
deget
Finger
față
Gesicht
bărbie
Kinn
mână
Hand
picior
Been
piept
Bost
braț
Arm

bebeluș
Winnelkind

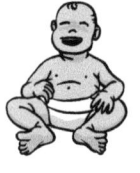

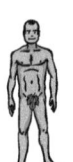

bărbat
Mann

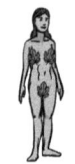

femeie
Fro

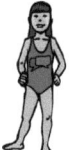

fată
Deern

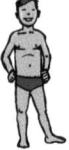

băiat
Jung

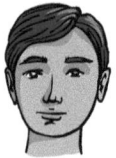

cap
Arm

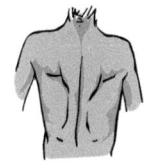

spate
....
Rüch

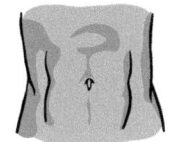

abdomen
....
Buuk

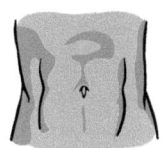

ombilic
....
Navel

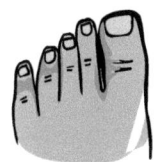

deget de la picior
....
Teh

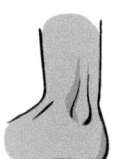

călcâi
....
Hack

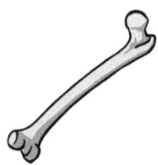

os
....
Knaken

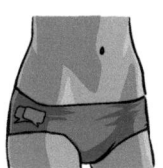

șold
....
Hüft

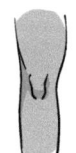

genunchi
....
Knee

cot
....
Ellbagen

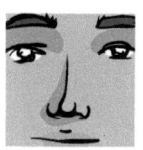

nas
....
Nees

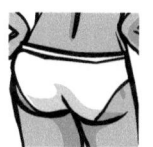

fund
....
Achtersen

piele
....
Huut

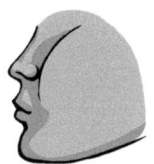

obraz
....
Back

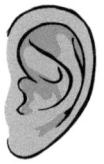

ureche
....
Ohr

buză
....
Lipp

gură
....
Mund

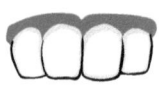

dinte
....
Tähn

limbă
....
Tung

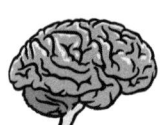

creier
....
Bregen

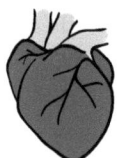

inimă
....
Hart

muşchi
....
Muskel

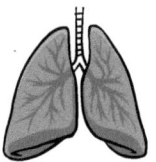

plămân
....
Lung

ficat
....
Lever

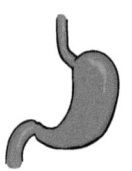

stomac
....
Maag

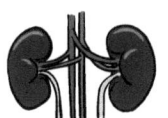

rinichi
....
Neren

sex
....
Bislaap

prezervativ
....
Kondoom

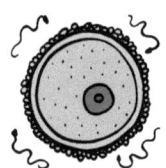

ovul
....
Eizell

spermă
....
Sperma

sarcină
....
Anner Ümstänn

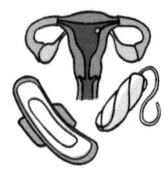

menstruație
....
Menstruatschoon

vagin
....
Scheed

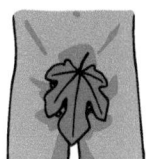

penis
....
Pint

sprânceană
....
Ogenbroe

păr
....
Hoor

gât
....
Hals

spital
Krankenhuus

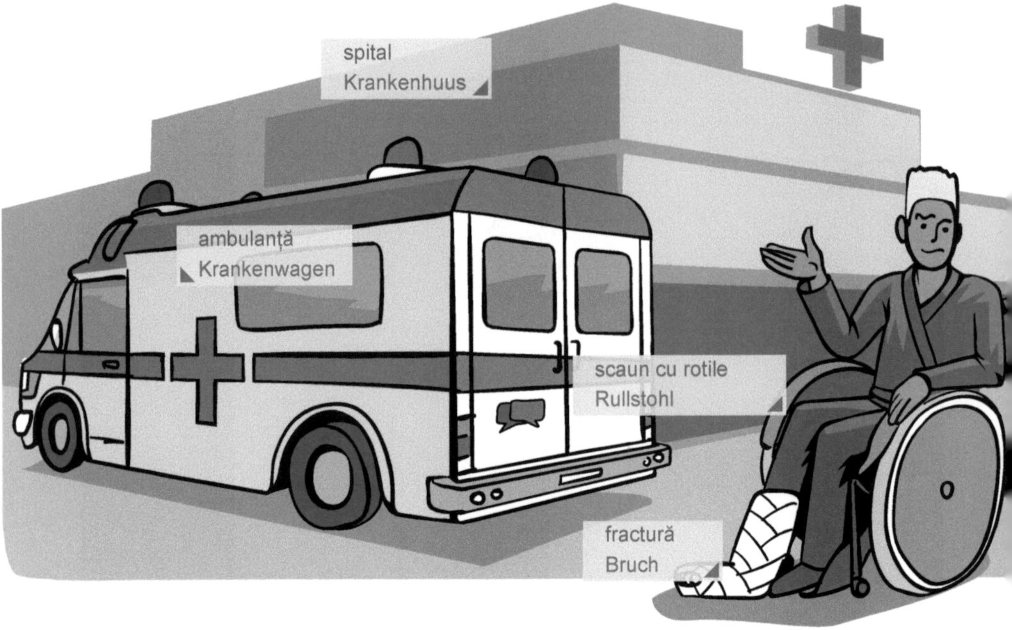

spital
Krankenhuus
ambulanță
Krankenwagen
scaun cu rotile
Rullstohl
fractură
Bruch

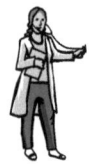

medic
Dokter

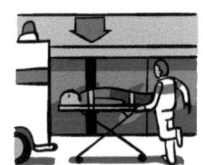

unitate de primiri urgențe
Nootopnahm

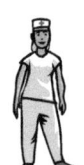

soră medicală
Krankensüster

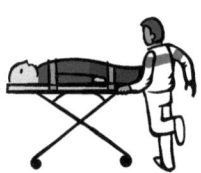

urgență
Nootfall

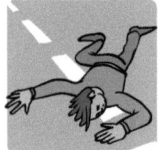

inconștient
ahnmächtig

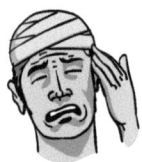

durere
Wehdaag

leziune

Verwunnen

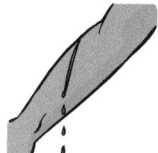

sângerare

Blöden

infarct miocardic

Hartinfarkt

atac cerebral

Slaganfall

alergie

Allergie

tuse

Hoosten

febră

Fever

gripă

Gripp

diaree

Dörchfall

durere de cap

Koppwehdaag

cancer

Kreeft

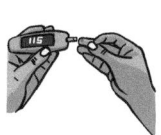

diabet

Zuckersüük

chirurg

Chirurg

scalpel

Chirurgsch Mess

operație

Operatschoon

CT
CT

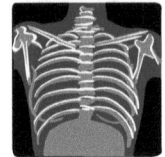

raze Röntgen
Dörchlüchten

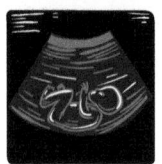

ultrasunet
Ultraschall

mască
Mask

boală
Krankheit

sală de așteptare
Töövruum

cârjă
Krück

plasture
Plaaster

bandaj
Verband

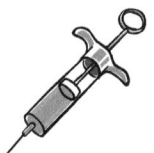

injecție
Insprütten

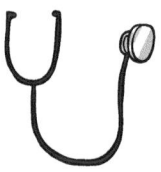

stetoscop
Stethoskop

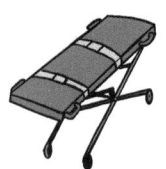

targă
Draag

termometru
Feverthermometer

naștere
Geboort

supraponderabilitate
Övergewicht

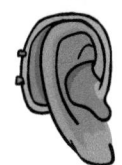

aparat auditiv

Höörapparat

dezinfectant

Kiemfriemiddel

infecţie

Ansteken

virus

Virus

HIV/SIDA

HIV / AIDS

medicină

Heelmiddel

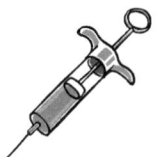

vaccin

Impen

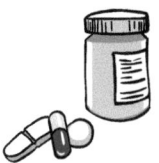

tablete

Tabletten

pastilă

Pill

apel de urgenţă

Nootroop

aparat de măsurare a presiunii arteriale

Blootdruck-Meter

bolnav/sănătos

krank / gesund

Ajutor!

Hölp!

alarmă

Alarm

agresiune

Överfall

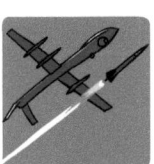

atac

Angreep

pericol

Gefohr

ieșire de urgență

Nootutgang

Foc!

Füer!

extinctor

Füerlöscher

accident

Unfall

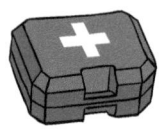

trusă de prim-ajutor

Noothölpkoffer

SOS

SOS

poliție

Polizei

Europa

Europa

America de Nord

Noordamerika

America de Sud

Süüdamerika

Africa

Afrika

Asia

Asien

Australia

Australien

Altantic

Atlantik

Pacific

Pazifik

Oceanul Indian

Indisch Weltmeer

Oceanul Antarctic

Antarktisch Weltmeer

Oceanul Arctic

Arktisch Weltmeer

Polul Nord

Noordpol

Polul Sud

Süüdpol

Antarctica

Antarktis

pământ

Eerd

țară

Land

mare

See

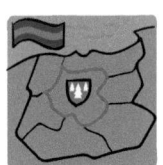

insulă

Eiland

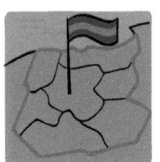

națiune

Natschoon

stat

Staat

cadran

Tallenblatt

orar

Stunnenwieser

minutar

Minutenwieser

secundar

Sekunnenwieser

Cât e ceasul?

Wo laat is dat?

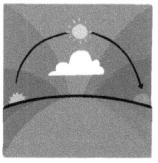

zi

Dag

timp

Tiet

acum

nu

cead digital

digetaalsch Klock

minut

Minuut

oră

Stunn

săptămână
Week

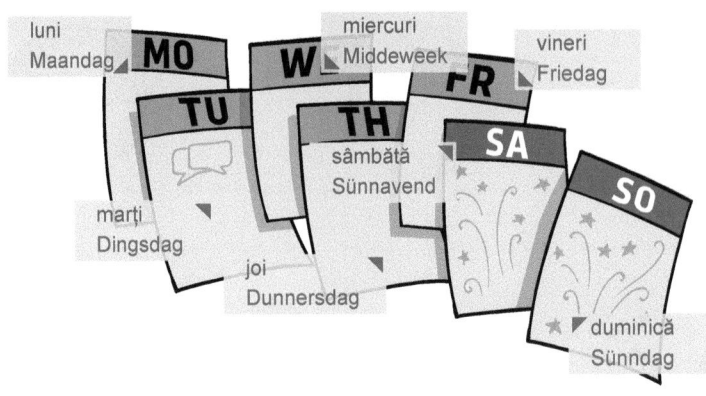

luni
Maandag

miercuri
Middeweek

vineri
Friedag

marți
Dingsdag

sâmbătă
Sünnavend

joi
Dunnersdag

duminică
Sünndag

ieri

güstern

azi

hüüt

mâine

morgen

dimineață

Morgen

amiază

Meddag

seară

Avend

zile lucrătoare

Arbeitsdaag

week-end

Wekenenn

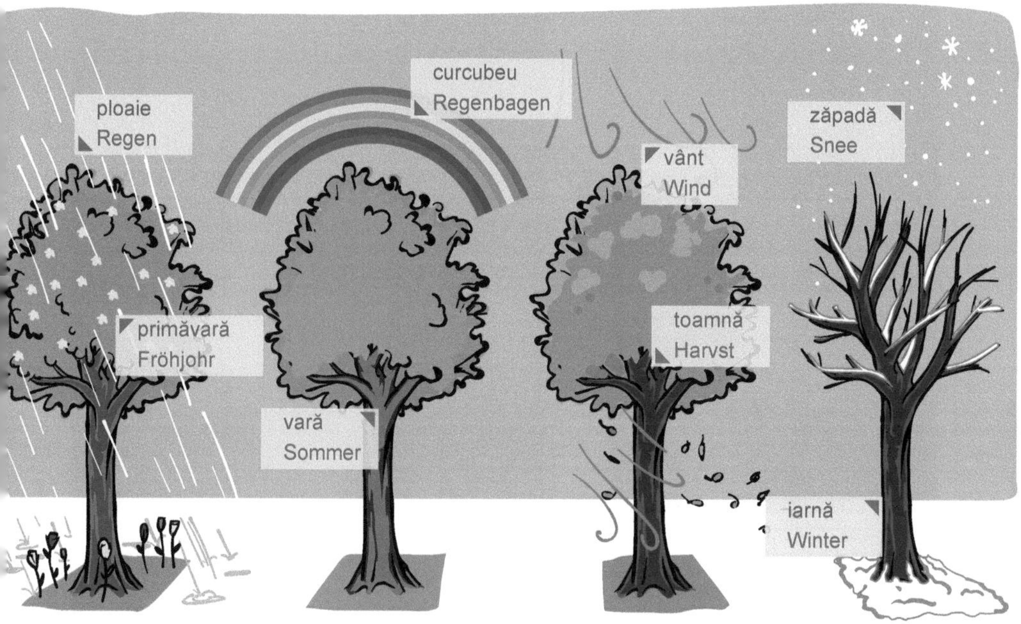

ploaie
Regen

curcubeu
Regenbagen

zăpadă
Snee

vânt
Wind

primăvară
Fröhjohr

toamnă
Harvst

vară
Sommer

iarnă
Winter

4.APRIL	11°	☀
5.APRIL	4°	☁
6.APRIL	13°	☂
7.APRIL	8°	❄
8.APRIL	10°	☀

prognoză meteo

Wedervörhersaag

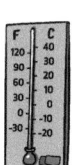

termometru

Thermometer

lumina soarelui

Sünnenschien

nor

Wulk

ceață

Nevel

umiditate a aerului

Luftfuchtigkeit

fulger

Blitz

tunet

Dunner

furtună

Storm

grindină

Hagel

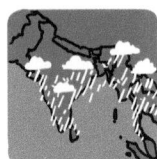

muson

Monsun

inundație

Floot

gheață

Ies

ianuarie

Januormaand

februarie

Februormaand

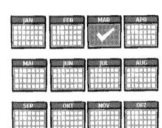

martie

Martmaand

aprilie

Aprilmaand

mai

Maimaand

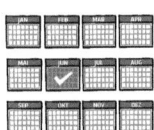

iunie

Junimaand

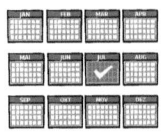

iulie

Julimaand

august

Augustmaand

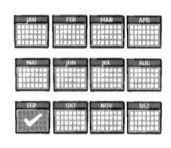

septembrie

Septembermaand

octombrie

Oktobermaand

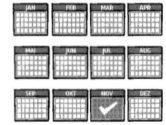

noiembrie

Novembermaand

decembrie

Dezembermaand

forme
Formen

cerc

Krink

pătrat

Quadrat

dreptunghi

Rechteck

triunghi

Dreeeck

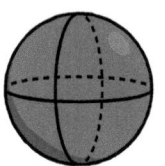

sferă

Kugel

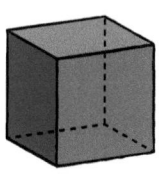

cub

Wörpel

alb

witt

galben

geel

portocaliu

orangsch

roz

pink

roșu

root

violet

lila

albastru

blau

verde

gröön

maro

bruun

gri

gries

negru

swart

mult/puțin

veel / wenig

furios/calm

böös / verdreeglich

frumos/urât

smuck / mies

început/sfârșit

Begünn / Enn

mare/mic

groot / lütt

luminos/întunecat

hell / düüster

frate/soră

Broder / Süster

curat/murdar

schier / schietig

complet/incomplet

kumpleet / nich kumpleet

zi/noapte

Dag / Nacht

mort/viu

doot / lebennig

lat/strâmt

breet / small

comestibil/necomestibil

geneetbor / nich geneetbor

rău/prietenos

böös / fründlich

emoționat/plictisit

fickerig / langwielt

gras/slab

dick / dünn

primul/ultimul

toeerst / toletzt

prieten/inamic

Fründ / Fiend

plin/gol

vull / leddig

tare/moale

hart / week

greu/ușor

swoor / licht

foame/sete

Smacht / Döst

bolnav/sănătos

krank / gesund

ilegal/legal

nich na't Recht / na't Recht

inteligent/stupid

klook / dummerhaftig

stânga/drepta

linkerhand / rechterhand

aproape/departe

neeg / feern

nou/uzat

nieg / bruukt

nimic/ceva

nix / wat

bătrân/tânăr

oolt / jung

pornit/oprit

an / ut

deschis/închis

apen / slaten

încet/tare

lies / luut

bogat/sărac

riek / arm

corect/fals

richtig / verkehrt

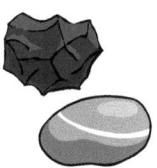

aspru/neted

ruug / glatt

trist/fericit

trurig / glücklich

lung/scurt

kort / lang

încet/repede

suutje / flink

ud/uscat

natt / drÖÖg

cald/rece

warm / köhl

război/pace

Krieg / Freden

0	**1**	**2**
zero	unu	doi
null	een	twee

3	**4**	**5**
trei	patru	cinci
dree	veer	fief

6	**7**	**8**
şase	şapte	opt
söss	söven	acht

9	**10**	**11**
nouă	zece	unsprezece
negen	teihn	ölven

12

douăsprezece

twölf

13

treisprezece

dörteihn

14

paisprezece

veerteihn

15

cincisprezece

föffteihn

16

șaisprezece

sössteihn

17

șaptesprezece

söventeihn

18

optsprezece

achtteihn

19

nouăsprezece

negenteihn

20

douăzeci

twintig

100

o sută

hunnert

1.000

o mie

dusend

1.000.000

un milion

million

engleză
Engelsch

engleză americană
Amerikaansch Engelsch

chineza mandarină
Chineesch Mandarin

hindi
Hindi

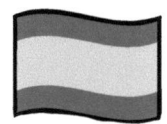

spaniolă
Spaansch

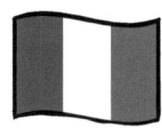

franceză
Franzöösch

arabă
Araabsch

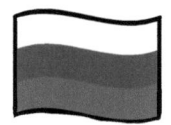

rusă
Rusch

protugheză
Portugiesch

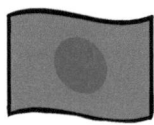

bengaleză
Bengaalsch

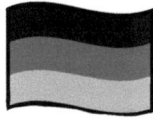

germană
Düütsch

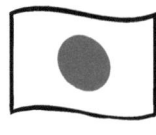

japoneză
Japaansch

eu

ik

tu

du

el/ea

he / se / dat

noi

wi

voi

ji

ea

se

cine?

keen?

ce?

wat?

cum?

woans?

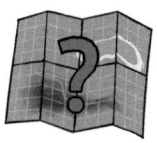

unde?

woneem?

când?

wannehr?

nume

Naam

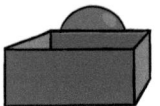

în spate

achter

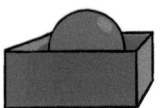

în

in

înainte

vör

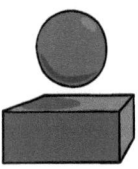

peste

över

pe

op

sub

ünner

lângă

blangen

între

twüschen

loc

Oort